DES CAUSES

DE LA

MORT DE L'EMPEREUR

avec quelques développements sur

LE CHLOROFORME

LA PIERRE. — LA GRAVELLE. — LA TAILLE

LA LITHOTRITIE

LES MALADIES DE LA VESSIE

ET DES REINS

PAR LE

Dr CONSTANTIN JAMES

PARIS

G. MASSON, ÉDITEUR

Libraire de l'Académie de Médecine

17, PLACE DE L'ÉCOLE-DE-MÉDECINE, 17

DES CAUSES

DE LA

MORT DE L'EMPEREUR

avec quelques développements sur

LE CHLOROFORME

LA PIERRE. — LA GRAVELLE. — LA TAILLE

LA LITHOTRITIE

LES MALADIES DE LA VESSIE

ET DES REINS

PAR LE

Dr CONSTANTIN JAMES

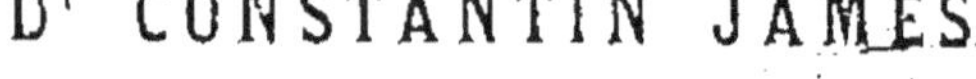

PARIS

G. MASSON, ÉDITEUR

Libraire de l'Académie de Médecine

17, PLACE DE L'ÉCOLE-DE-MÉDECINE, 17

Paris-Imp. LEFEBVRE, Pass. du Caire. 87-89.

DES CAUSES

DE

LA MORT DE L'EMPEREUR

Circonstances qui ont hâté la catastrophe.

La mort si spontanée de l'Empereur n'a pas été seulement un grave événement politique par les conséquences qu'elle a dû et qu'elle devra forcément entraîner ; elle est de plus un grave événement médical par les circonstances qui ont hâté la catastrophe et les enseignements pratiques qui en découlent. Je crois donc devoir, à ce dernier point de vue, en dire quelques mots.

L'Empereur est mort la victime de ce que je n'hésite pas à appeler trois grandes fatalités : le volume de la pierre, la préférence donnée à la lithotritie et l'emploi du chloroforme.

LE VOLUME DE LA PIERRE. — Nul doute que cette pierre n'existât chez l'Empereur depuis plusieurs années, et que, par suite, chaque année aussi, son volume n'ait pris un nouvel accroissement. Serait-donc qu'elle avait été méconnue jusqu'à sa constatation à Chislehurst? Il résulte au contraire d'une consultation à laquelle assistaient Ricord et Nélaton, qu'*avant les événements de 1870,* sa présence avait été diagnostiquée de la manière la plus nette et la plus précise, autant toutefois qu'un diagnostic peut être net et précis tant qu'il ne s'appuie pas sur l'exploration avec la sonde. Aussi avait-on insisté pour que l'Empereur se fît sonder le plus tôt possible. Mais, de peur de l'impressionner, il fut convenu que la consultation, avant de lui être communiquée, passerait par les mains de l'Impératrice Malheureusement, pour des motifs encore peu connus, l'Impératrice n'en entendit aucunement parler, de telle sorte qu'une pièce de cette importance resta à l'état de document ignoré. Si, à cette époque, l'Empereur avait été sondé, la présence de la pierre eût certainement été matériellement constatée, et, vu son volume moindre et l'ensemble de la santé beaucoup meilleur, on aurait pu probablement l'extraire sans danger.

LA PRÉFÉRENCE DONNÉE A LA LITHOTRITIE. — La lithotritie convient pour les petits calculs, la taille pour les gros ; or, d'après les dimensions de celui de l'Empereur, la taille était plus indiquée que la lithotritie. Et pourtant elle ne lui fut pas proposée ! Serait-ce que, comme pour la consultation à huis-clos où l'on n'osa pas prononcer le mot de calcul, on recula également devant le mot d'opération sanglante ? Il faudrait en conclure qu'un souverain, même à son lit de mort, alors que peut-être son salut en dépend, ne saurait jamais connaître la vérité.

Quoi qu'il en soit, cette préférence donnée à la lithotritie fut chose d'autant plus regrettable, qu'il résulte de l'autopsie que la vessie était saine ; par conséquent, il y avait là une chance de plus en faveur de la taille. En effet, dans la taille, on est débarrassé de la pierre en une séance ; le reste n'est qu'une plus affaire de cicatrisation. Si donc, la vessie est saine, la plaie d'habitude se cicatrise assez rapidement. Dans la lithotritie, au contraire, plusieurs séances sont nécessaires, car on ne peut écraser une pierre volumineuse en une fois ; on la brise d'abord, puis on écrase successivement chaque fragment. De là, autant d'opérations qui irritent et enflamment la vessie et finissent le plus souvent par amener cette série de complications et d'accidents que l'Empereur a éprouvés, et que ne comporte pas la taille.

L'EMPLOI DU CHLOROFORME. — Le chloroforme est très-rarement employé dans la lithotritie. C'est qu'il est bon que les malades aient la conscience de leurs sensations pendant les manœuvres de l'instrument à la recherche de la pierre. Elles servent à guider la main du chirurgien, surtout quand on opère à sec, comme l'a fait le docteur Thompson, c'est-à-dire sans distendre préalablement la vessie par une injection pour en effacer les plis. Pourquoi donc avoir eu recours, chez l'Empereur, à un aussi dangereux auxiliaire? Dangereux, ai-je dit. C'est qu'en plus de l'inconvénient grave que nous venons de signaler, lequel consiste à isoler l'opéré de l'opérateur, le chloroforme, par ses propriétés vénéneuses, peut s'attaquer aux sources mêmes de la vie. Il s'y attaquera plus spécialement encore si vous croyez devoir y revenir à plusieurs reprises et presque coup sur coup, le péril croissant à mesure qu'on en multiplie et qu'on en rapproche l'emploi. C'est précisément ce qui est arrivé pour l'Empereur, qu'on a chloroformisé deux fois en quatre jours.

Ainsi il me paraît prouvé que c'est le chloroforme qui a précipité la catastrophe. Comment, en effet, expliquer autrement que par une véritable intoxication cet affaiblissement progressif du cœur, aboutissant à sa paralysie, alors que, d'aucun côté, il n'existait le moindre signe faisant pressentir l'apparence même d'un danger (1)? Non, quoiqu'on en ait dit, l'Empereur n'était pas tellement faible qu'il dût tout d'un coup mourir d'épuisement. La veille même, il s'était levé et avait fait sa barbe. Encore moins est-il mort d'*urémie*, ou infection de l'organisme par l'urée, cette dernière maladie ayant toujours une marche plus ou moins chronique, et n'éclatant jamais comme un coup de foudre. Il y a donc

(1) Voici, à cet égard, comment s'exprime dans le *Gaulois* (17 janvier 1873), M. Francis Aubert, qui a décrit pour ainsi dire minute par minute les derniers moments de l'Empereur :

« Je l'ai déjà dit et répété : jusqu'à la dernière heure, on n'avait pas conçu la moindre inquiétude, à plus forte raison on ne pouvait croire à un danger immédiat. Le prince Impérial était retourné à l'école militaire et l'Impératrice se disposait à partir pour l'aller voir. La nuit avait été calme et le pouls très-bon jusqu'au matin. Nul ne pouvait soupçonner un danger. Et en moins d'une demi-heure tout était fini ! »

eu très-certainement là autre chose. Or, dans tous les cas d'empoisonnement par le chloroforme, que j'ai eu l'occasion de voir, — et quel médecin n'en a pas vu comme moi ? — j'ai constaté des symptômes identiques à ceux qui ont caractérisé sa fin. Voyez plutôt la manière dont celle-ci est racontée par les médecins mêmes qui l'ont soigné. J'extrais ce qui suit de leur rapport :

« L'Empereur, qui avait déjà été opéré deux fois à l'aide du chloroforme, fut, le soir qui précéda sa mort, à 11 heures, visité par ses médecins. — Il le fut encore à 2 heures de la nuit par le docteur Conneau. — A 4 heures par le docteur Corvisart. — A 6 heures par le docteur Thompson. Et chacun trouva Sa Majesté *dormant mieux que la nuit précédente* et PROFONDÉMENT.

« Le pouls marquait de 80 à 82 pulsations.

« A 9 h. 1/2, l'Empereur fut visité de nouveau par le docteur Claver. IL DORMAIT ENCORE et PROFONDÉMENT. Une opération fut décidée pour midi. Le pouls était fort régulier, à 84. TOUT A COUP, A 10 H. 25 M., L'ACTION DU COEUR SE SUSPENDIT, LE POULS DEVINT PETIT, DIMINUA GRADUELLEMENT, ET A 10 H. 45 M. L'EMPEREUR RENDAIT LE DERNIER SOUPIR. »

Ainsi en vingt minutes, il avait été comme foudroyé ! Qui ne reconnaîtra là tous les signes de l'empoisonnement par le chloroforme ? Et ce sommeil léthargique, qu'était-ce autre que l'effet de cet empoisonuement par la stupeur du système nerveux ? A ceux qui en douteraient, je citerai comme spécimen et comme preuve le fait que voici :

Je fus consulté, l'année dernière, par M. l'abbé H***, curé d'une des principales paroisses de Caen, qui se plaignait depuis quelques temps de légers troubles du côté des voies urinaires. C'était un homme d'environ soixante ans, d'une constitution robuste et d'une santé magnifique. Je le sondai et constatai l'existence d'un cacul. Je l'adressai alors à l'un de nos spécialistes les plus éminents, qui le soumit à la lithotritie. Tout se passa parfaitement les trois premières séances, que séparèrent chacune huit jours d'intervalle ; mais, à la quatrième, la vessie s'irrita, des spasmes se déclarèrent, et, toute introduction de l'instrument devenant désormais impossible, la taille fut décidée. Nous endormîmes préalablement le malade à l'aide du chloroforme. L'opération n'offrit aucunes difficultés sérieuses et amena l'issue de plusieurs débris de calculs. Nous n'eûmes aucune peine ensuite à le réveiller, et il nous dit n'avoir nullement souffert. Comme le pouls restait un peu faible, nous donnâmes quelques toniques, et il se releva. *Mais bientôt la faiblesse reprit le dessus; vainement alors nous recourûmes à la médication la plus stimulante; les forces furent en déclinant, les battements du cœur diminuèrent graduellement, et en quelques heures*, TROIS JOURS APRÈS L'OPÉRATION, *le malade, qui luttait inutilement contre un sommeil de plomb, s'éteignait, sans convulsions, sans efforts, sans souffrances, ayant toute la plénitude de ses facultés.* Or, aucun de nous ne mit en doute qu'il n'eût succombé à un empoisonnement par le chloroforme.

N'est-ce pas là le tableau parfaitement fidèle de ce qui s'est passé pour les derniers moments de l'Empereur? J'ai donc eu raison d'attribuer sa mort aux trois grandes causes que je viens de signaler, chacune dans sa sphère ayant plus ou moins fatalement pesé sur sa destinée.

— L'immense publicité donnée par les médecins anglais aux diverses particularités de sa maladie, de son opération et même de son autopsie ont vivement ému l'opinion, en soulevant certaines questions scientifiques de l'ordre le plus élevé. Aussi me paraît-il utile et opportun d'entrer dans quelques détails sur les plus importantes de ces questions, à savoir : le CHLOROFORME, la PIERRE, la GRAVELLE, la TAILLE, la LITHOTRITIE et enfin les MALADIES DE LA VESSIE ET DES REINS.

Du Chloroforme

La pensée d'abolir, ou du moins d'atténuer la douleur, dans les pratiques chirurgicales, remonte aux âges les plus reculés ; c'est que nul n'est stoïcien qu'en théorie. Il paraît, du reste, que les essais ne furent pas toujours infructueux.

Les Assyriens, au dire de Bénédictus, engourdissaient la douleur à l'aide d'un lien fortement serré autour du membre qu'il s'agissait d'amputer. Pline et Dioscoride parlent d'une certaine « pierre de Memphis » qui, broyée et délayée dans du vinaigre, dégageait des gaz qui rendaient insensible.

Qui ne sait que les Indiens et les Chinois ont su, de tous temps, utiliser les vertus stupéfiantes du chanvre et de l'opium ? De même, dans les pratiques de sorcellerie du moyen âge, on paralysait à volonté la sensibilité nerveuse par des philtres et des bézoards, dont la mandragore faisait la base ; c'est que la mandragore est un puissant narcotique. Il est vrai qu'il faut faire ici la part des aberrations des initiés et des jongleries des narrateurs.

Enfin, à une époque bien plus voisine de la nôtre, on est parvenu également à provoquer l'ANESTHÉSIE, — c'est le nom que nous donnons à cette insensibilité artificielle. — Ainsi Théodoric, chirurgien qui vivait sous François Ier, « faisait odorer des éponges imbibées du suc de certaines plantes, pour endormir ses malades, puis, l'opération terminée, les réveillait, et ceux-ci disaient n'avoir nullement souffert. »

Mais c'est seulement vers la fin du siècle dernier, alors que, grâce au génie de Lavoisier, la chimie prit la place de l'alchimie, que des tentatives réellement scientifiques furent faites pour obtenir l'insensibilité par l'inhalation de certains gaz.

Vers 1795, un médecin anglais, nommé Reddoes, appela tout spécialement l'attention sur les vertus anesthésiques du protoxyde d'azote. Mais, après d'assez brillants succès, dus surtout au concours du célèbre Humphry Davy, survinrent quelques cas de mort. Alors, par un de ces brusques revirements, si fréquents dans l'opinion, le protoxyde d'azote ne tarda pas non plus à être oublié.

Toutefois, l'impulsion avait été donnée, et c'était à qui trouverait un préservatif contre la douleur, lorsque le hasard, ce grand inventeur, révéla tout à coup les propriétés stupéfiantes de l'éther. Ce furent deux Américains, Jackson et Berton, qui en vulgarisèrent les applications.

J'en vis faire les premiers essais, à Paris, en 1847. Ils furent très-satisfaisants comme abolition de la sensibilité, mais offrirent le grave inconvénient de jeter quelques malades dans une agitation extraordinaire. C'est que l'anesthésie déterminée par l'éther est, avant tout, un phénomèhe d'ivresse. Or, l'ivresse, elle aussi, a ses degrés. De même que l'individu qui s'enivre passe par la période d'exaltation avant d'arriver à celle d'anéantissement (c'est alors l'ivre-mort), de même aussi l'individu que vous éthérisez n'arrive à la seconde période qu'après être passé par la première. De là parfois des scènes de folie furieuse.

Je me rappelle entre autres un malade que Velpeau opérait à l'amphithéâtre de la Charité. C'était un homme d'une force athlétique, qu'on avait endormi pour lui faire l'amputation de l'avant-bras. Les chairs n'étaient qu'à moitié divisées, lorsque, par un brusque mouvement, renversant les aides il se précipita dans la salle, faisant retentir l'air de ses vociférations et répandant partout le sang qui coulait à flots de sa plaie. Qu'on juge de l'épouvante des autres malades! On eut beaucoup de peine à se rendre maîtres de ce malheureux pour achever l'opération.

Aussi l'éther trouva-t-il, au début, un sérieux adversaire dans Magendie. Comme j'étais devenu le collaborateur et l'ami de l'illustre physiologiste, après en avoir été l'élève, je me trouvai un peu mêlé à la lutte.

Cependant, quelques mois après, le docteur Simpson lut à la Société médico-chirurgicale d'Edimbourg son célèbre mémoire, dans lequel il prouva la supériorité du chloroforme sur l'éther, comme mode d'emploi et rapidité d'action, mais non comme innocuité : c'est qu'en effet l'éther offre infiniment moins de dangers que le chloroforme. Toujours est-il qu'à dater de ce moment, l'éther fut définitivement remplacé par le chloroforme, lequel règne aujourd'hui sans conteste; car l'amylène, qu'on voulut lui opposer, est loin de le valoir. Parlons donc seulement du chloroforme.

Le chloroforme a l'aspect d'un liquide incolore et limpide ; sa saveur est sucrée, son odeur suave, rappelant celle d'une pomme de reinette. C'est une substance éminemment volatile. Sur cette propriété reposent son mode d'emploi et ses effets. Ainsi, quand vous le faites respirer, ses vapeurs pénètrent par les bronches à l'intérieur de chaque poumon; elles traversent la muqueuse, se mêlent au sang artériel, arrivent avec lui jusqu'au cœur, et, sous l'impulsion de cet organe, atteignent les centres nerveux. Alors seulement commencent les phénomènes d'anesthésie.

On a renoncé généralement, pour administrer le chloroforme, aux appareils dits de précision, lesquels ne précisent rien, du moins rien d'utile. On se sert tout simplement d'un mouchoir roulé en godet, au fond duquel on verse quelques gouttes de la liqueur, que l'on renouvelle jusqu'à ce que l'effet soit produit. L'essentiel, c'est que le patient fasse de longues aspirations, afin que l'agent stupéfiant pénètre le plus profondément possible dans la cavité même des poumons où s'opère l'absorption.

Il faut en moyenne de six à huit minutes pour amener ainsi le sommeil. Cependant quelques personnes, surtout parmi les femmes et les enfants, s'endorment dès les premières inhalations; d'autres, au contraire, exigent une demi-heure et même plus. Voici les principales phases par lesquelles passe le malade avant que l'insensibilité ne soit complète.

Picottement désagréable dans l'arrière-gorge ; toux et quelquefois menace de suffocation ; la respiration s'accélère; le cœur bat tumultueusement; le pouls est petit, vif, serré ; sensibilité exaltée ; visage animé; œil brillant; propos incohérents et rêvasseries; bientôt la tête se prend davantage; une congestion semble imminente... Puis tout à coup la scène change, comme par la détente de tous les ressorts de l'organisme. La respiration redevient libre et souvent s'accompagne d'un ronflement sonore ; le cœur faiblit; les pulsations artérielles tombent au-dessous de leur rhythme normal; le visage devient pâle; l'œil atone ; la peau froide ; toutes traces de sensibilité et de mouvement ont disparu. Il y a anesthésie.

Ainsi donc le chloroforme, comme l'éther, détermine deux sortes de phénomènes caractérisés, les premiers, par l'exaltation de tout notre être, les seconds, par sa cadavérisation apparente. De là deux périodes parfaitement distinctes. Or, c'est dans le passage de l'une à l'autre que commence le danger ; ainsi certains malades succombent comme frappés de la foudre, avant même que le fer du chirurgien ne les ait touchés. Toutefois, ces cas sont les plus rares. Presque toujours, la mort est consécutive à l'opération et ne survient qu'après plusieurs minutes, plusieurs heures *ou même plusieurs jours.* Quelle que soit du reste l'époque où elle arrive, son mécanisme, si je puis m'exprimer ainsi, se traduit toujours par les mêmes accidents, à savoir : diminution graduelle de la respiration et des forces, somnolence, affaiblissement de plus en plus prononcé du pouls, ralentissement progressif des battements du cœur, puis enfin leur arrêt subit.

Aussi, pendant tout le temps des inhalations, ne sauriez-vous trop surveiller l'état du pouls. C'EST VOTRE SEUL GUIDE. Vient-il à fléchir, vous les suspendez quelques instants pour n'y revenir que quand il sera tout à fait relevé. Vous pourrez ainsi, en manœuvrant habilement, maintenir le malade, pendant une heure et même plus, dans le sommeil anesthésique.

Remarque importante. De ce qu'une personne aura, une première fois déjà, très bien supporté le chloroforme, vous n'en pourrez pas toujours conclure qu'elle le supportera aussi bien une seconde. Nous avons endormi ainsi, il y a deux ans, une jeune femme, pour une opération de fissure à l'anus, par dilatation forcée du sphincter. Tout se passa à merveille. Mais, huit jours après, ayant été obligés de la chloroformiser de nouveau pour lui refaire la même opération, — le spasme s'était reproduit, — elle s'en trouva excessivement mal. Pendant plus de deux heures, elle resta dans une sorte d'évanouissement léthargique (1), et, quand elle en fut sortie, il persista un malaise et une défaillance qui mirent longtemps à se dissiper.

(1) Cet évanouissement eut cela de particulier, qu'elle avait parfaitement la conscience de ce qui se disait et se faisait à côté d'elle ; seulement il lui était impossible, ne fût-ce que par un geste, un signe, un cri, de se mettre en rapport avec les personnes qui l'entouraient. Sa crainte, à ce qu'elle nous raconta plus tard, était qu'on ne la crût morte et qu'on ne l'enterrât vivante, car jamais elle n'aurait pu faire comprendre qu'elle n'était qu'en léthargie.

L'Empereur a été moins heureux encore. C'est que chez lui les inhalations de chloroforme ont été répétées à des époques beaucoup trop rapprochées ; c'est que, de plus, dans l'intervalle des opération et jusqu'à sa mort, on lui administra de la belladone et autres stupéfiants qui complétèrent l'œuvre toxique du chloroforme ; c'est qu'enfin il se trouvait dans des conditions de santé trop déplorables pour supporter l'épreuve des anesthésiques. Il est de remarque en effet que, si l'organisme n'a plus l'énergie suffisante pour réagir contre l'agent vénéneux, la vie n'est pas seulement atteinte dans ses manifestations, elle l'est dans son essence, et alors tout est à redouter.

Ce n'est pas uniquement dans ces états de débilité profonde que l'emploi du chloroforme est contre-indiqué de la manière la plus formelle. Il l'est de même toutes les fois qu'il existe dans l'économie ce que je serais tenté d'appeler quelque vice rédhibitoire, les nombreux germes de mort dont vous saturez l'individu par les inhalations devant nécessairement converger vers la « partie fêlée. » Ainsi, par exemple, toute maladie du cœur ou du poumon, par cela seul qu'elle prédispose à la syncope, ajoute aux dangers de la chloroformisation, et devient un motif absolu pour qu'on s'en abstienne.

Enfin, supposons les conditions les plus favorables au double point de vue de la santé du patient et de l'habileté de l'opérateur. Eh bien ! ici encore vous ne pouvez affirmer qu'il ne surviendra aucun accident. On l'a dit avec raison : « L'état anesthésique est un pas vers la mort. » Sans doute le cas le plus ordinaire est celui où tout se passe heureusement et où le malade échappe ainsi tout à la fois au danger et à la douleur. Mais il peut se faire au contraire qu'une catastrophe arrive au moment où l'on croyait avoir pour soi le succès. C'est que, dès l'instant où vous touchez au système nerveux, vous êtes en face de l'inconnu, tant sont variables les susceptibilités individuelles ! Comment, par exemple, annoncer que chez telle personne le café produira une insomnie opiniâtre, tandis que chez telle autre il n'influencera aucunement le sommeil ? Même incertitude pour le chloroforme. Vous pourrez être assez favorisé pour n'en obtenir que les bénéfices, — et c'est ce qui arrive dans l'IMMENSE MAJORITÉ DES CAS, — mais il pourra se faire aussi que, par une déplorable exception, vous en soyez la victime. Or, je ne saurais trop le répéter, la science ne possède aucun signe qui permette de préjuger à quelle catégorie vous appartiendrez.

On s'abstiendra, par conséquent, de recourir au chloroforme pour les « petites opérations. » J'ai précisément sous les yeux le relevé de 79 cas de mort, suites d'inhalations, publié par M. Maurice Perrin, dans un excellent travail sur l'*Anesthésie chirurgicale*. Savez-vous pour quel chiffre figurent les petites opérations dans ce funèbre martyrologe? Pour 18! Et sur ces 18 cas de mort, IL Y EN A 7 POUR SIMPLE AVULSION DE DENTS! Ainsi, voilà sept personnes, pleines de santé et de vie, qui succombent misérablement, j'allais dire stupidement, pour avoir voulu s'éviter un instant de souffrance. Ces chiffres n'en disent-ils pas plus que tous les commentaires?

Ainsi donc, vous réserverez l'emploi du chloroforme pour ces opérations où l'atrocité de la douleur explique qu'on veuille à tout prix s'en affranchir, et vous n'irez pas, par des tentatives imprudentes, compromettre à vos dépens une des plus belles découvertes du siècle. Sachez-le bien, quiconque s'endort de la sorte n'est pas toujours sûr de se réveiller.

De la Pierre et de la Gravelle

On désigne sous le nom de « pierre » ou « calcul » (du mot *calculus*, caillou) une concrétion saline qui se rencontre quelquefois dans la vessie. Pour bien s'expliquer son mode de formation, il est essentiel d'avoir un aperçu de l'anatomie et de la physiologie des voies urinaires. Disons-en donc quelques mots.

Il existe à l'intérieur de l'abdomen, de chaque côté de la colonne vertébrale, une glande appelée « rein » chez l'homme et « rognon » chez les animaux. Cette glande reçoit sans cesse par une grosse artère un courant sanguin dont, à la manière d'un crible, elle élimine l'urine. Cette urine est reçue, à mesure qu'elle se forme, par un canal « l'urétère », lequel la dirige jusque dans un réservoir, « la vessie. » Comme il y a deux reins, il y a deux urétères. Quand le réservoir est plein, certaine sensation vous en avertit, et alors vous en expulsez le contenu par un canal unique, « l'urèthre. »

Mais l'urine n'est pas un liquide homogène. Elle renferme tous les détritus dont l'économie veut se débarrasser Parmi ces détritus se trouvent des sels. Ceux-ci restent-ils dissous, rien d'apparent ne trahit leur présence : c'est l'état normal. Viennent-ils au contraire à se précipiter, il en résulte un dépôt plus ou moins abondant de petits graviers : c'est la gravelle.

Tant que ces graviers ne représentent qu'un sable menu et fin, ils sont entraînés avec les urines et expulsés avec elles, sans provoquer aucune douleur. Dans ces conditions, surtout s'ils ne se montrent qu'accidentellement, la gravelle est tellement compatible avec la santé qu'elle ne mérite même pas le nom de maladie. Mais, parmi ces graviers, il peut s'en trouver quelqu'un d'un calibre plus gros, tellement gros même, qu'au lieu de cheminer librement, il s'arrêtera dans quelque point de l'appareil urinaire. Alors se manifesteront des symptômes en rapport avec la nature et l'importance du point où l'arrêt aura eu lieu.

Est-ce dans le rein? Comme le rein est l'organe sécréteur de l'urine, celle-ci deviendra trouble, rougeâtre, sanguinolente, et vous assisterez au lamentable spectable d'une « colique néphrétique» (1) (du mot *nephron*, rein). Pour peu que le gravier reste ainsi emprisonné dans l'organe, à des accidents aigus succéderont des accidents chroniques ; des abcès se déclareront dans la substance même du rein, une suppuration intarissable en sera la conséquence, et l'individu finira par succomber à la consomption. Ainsi est mort Louvois.

Mais, d'ordinaire, le gravier quitte les reins pour passer dans

(1) Voir, pour plus de détails, l'article *Colique néphrétique* de mon livre sur les PREMIERS SOINS A DONNER AVANT L'ARRIVÉE DU MÉDECIN. 1 vol., 2e édition, page 192. G. Masson, éditeur, Paris.

l'urétère, où il s'arrête. Vous êtes averti de cette nouvelle phase de la colique néphrétique par le changement de place de la douleur et par la suppression brusque des urines, lesquelles n'arrivent plus dans la vessie, par le même mécanisme qu'un bouchon qui s'engage dans le goulot d'une bouteille l'empêche de se vider. Sans doute, l'autre rein resté libre pourrait continuer de fonctionner; mais, par une sorte de solidarité sympathique, sa sécrétion se suspend. Alors commence, du côté du rein malade, une véritable lutte entre le barrage qui résiste et le flot d'urine qui pèse et s'accroît de plus en plus par l'afflux de nouvelles quantités. Oh! alors, quelles scènes d'angoisse et de désespoir! Les choses pourront même aller si loin que les canaux trop tendus se rompront, d'où résultera un épanchement d'urine dans le péritoine. Ainsi est mort Cromwell.

Toutefois, le cas le plus ordinaire est celui où le gravier, descendant peu à peu, franchit l'urétère et tombe enfin dans la vessie. A l'instant, toute douleur disparaît comme par enchantement; l'individu respire. Et comme le canal extérieur qui donne issue aux urines est beaucoup plus large que le canal intérieur qui les apporte, le gravier le franchit d'habitude assez facilement, et l'économie s'en trouve ainsi débarrassée. Cependant il peut se faire qu'il reste dans la vessie, où il deviendra le noyau d'un calcul dont l'accroissement ultérieur pourra devenir fatal : ainsi est mort l'Empereur.

Chaque étape de ces migrations successives du gravier a donc sa légende. Or, que de noms je pourrais joindre à ceux que je viens de citer, appartenant tous également aux plus grands personnages!

J'ai dit que le gravier, par son séjour dans la vessie, deviendra le noyau d'un calcul. Ce noyau, il est essentiel de le faire disparaître par une médication appropriée. Il ne l'est pas moins de prévenir le retour de semblables crises, car, en plus des douleurs affreuses qu'elles provoquent, chaque nouveau dépôt de concrétions qui en serait la conséquence compliquerait d'autant plus la situation que la gravelle n'est, en définitive, que la « petite monnaie de la pierre. » Mais, enfin, voici la pierre formée. Quel traitement employer pour la combattre? Avant d'indiquer en quoi il consiste, disons d'abord sur quelles bases il repose.

Nous n'avons pas perdu de vue que les sels qui constituent la gravelle existent normalement dans l'urine, mais à l'état de dissolution C'est seulement en se précipitant qu'ils donnent naissance aux concrétions. Or, ils ne se précipitent que parce que l'urine a cessé, pour une cause quelconque, de renfermer assez d'eau pour les maintenir dissous. C'est, par conséquent, la portion non dissoute qui, en se cristallisant, produit la gravelle.

Ces explications nous donnent la clef du traitement. Votre premier soin devra être de restituer à l'urine la quantité d'eau qui lui manque. De là l'utilité des boissons aqueuses.

Mais ces boissons ne peuvent pas arriver d'emblée aux reins, ces grands laboratoires de l'urine, sans passer d'abord par l'estomac. Vous choisirez donc de préférence celles que cet organe s'assimile avec le plus de rapidité et le moins de fatigue. En tête se placent les eaux minérales.

Seulement les eaux minérales, à part certaines eaux dites « de table », qui n'agissent que par le gaz acide carbonique qui les sature, ne représentent pas de simples dissolutions aqueuses. Elles renferment de plus, ainsi que l'indique leur nom, des mineraux, c'est-à-dire des sels. Chaque verre d'eau que vous boirez, en d'autres termes que vous absorberez, mettra donc en présence, au sein de votre individu, deux espèces de sels : d'une part, ceux que contient l'urine ; d'autre part, ceux que contient l'eau minérale. Ces divers sels réagiront forcément les uns sur les autres pour former de nouveaux produits, et, suivant que votre eau aura été bien ou mal choisie, il en résultera d'heureuses combinaisons ou de dangereux conflits. Je ne saurais, à cet égard, mieux compléter ma pensée qu'en reproduisant le passage suivant de mon GUIDE (1).

« On ne peut prescrire avec sécurité des eaux minérales contre la gravelle, ni contre les coliques néphrétiques qui en sont si

(1) GUIDE AUX EAUX MINÉRALES, AUX BAINS DE MER ET AUX STATIONS HIVERNALES, 1 vol., 8e édition, page 443. G. Masson, éditeur, Paris.

souvent la grave complication, qu'autant qu'on est parfaitement renseigné sur la composition des graviers et sur celle des eaux, une même eau ne pouvant convenir au traitement de chaque gravelle.

« La gravelle d'acide urique, ou gravelle *rouge*, est la plus commune de toutes. Comme les sels alcalins possèdent la propriété de dissoudre l'acide urique, on comprend tout le parti qu'on peut tirer ici de la chimie, ces sels se combinant avec l'acide urique pour former un urate, lequel, plus soluble que l'acide, se dissout dans les urines, puis est expulsé avec elles. On parvient ainsi tout à la fois à faire disparaître les graviers existants et à prévenir la formation de nouveaux. Ceci explique pourquoi les eaux alcalines sont si appropriées au traitement de la gravelle rouge.

« Elles sont contre-indiquées, au contraire, dans le traitement de la gravelle *blanche*, qu'on sait être formée de phosphate de chaux et surtout de phosphate ammoniaco-magnésien, cette variété de gravelle reconnaissant comme point de départ une urine trop peu acide pour retenir en dissolution ses principes salins. A quoi serviraient en pareil cas les eaux alcalines ? Bien loin de dissoudre les concrétions existantes, ces eaux, en neutralisant par leur alcalinité les acides restés libres, favoriseraient la formation de nouveaux graviers, ou même créeraient des pierres de toute pièce. »

Et qu'on ne croie pas que cette supposition ait rien d'exagéré. Le fait suivant, que j'extrais également de mon *Guide* (1), prouvera qu'elle n'est malheureusement que trop fondée.

« Nous fûmes consultés, il y a quelque vingt ans, le célèbre Paris et moi, par un homme, encore dans la force de l'âge, qui était atteint d'une très-forte gravelle alcaline. Sans nous enquérir de la composition de ses graviers, nous l'envoyâmes d'emblée à Vichy. Ces eaux parurent d'abord très-bien lui réussir. Elles lui firent rendre une quantité telle d'un sable blanchâtre qu'il dut croire que ce sable se trouvait emmagasiné en lui de longue date; aussi s'applaudissait-il du résultat. Cependant, au bout de trois semaines, cette quantité, loin d'avoir diminué

(1) *Op. cit.*, page 501.

semblait plutôt aller en augmentant, et il était survenu de vives douleurs du côté de la vessie. Nous l'engageâmes donc à revenir à Paris. Là nous acquîmes la certitude que son état avait sensiblement empiré; nous reconnûmes, de plus, en lui, la présence d'un volumineux calcul. Ce fut pour le malade un coup de foudre. Il languit encore quelque temps, et, bien que sa pierre eût été complètement broyée, par l'un de nos plus habiles spécialistes, il finit par succomber. »

Si je publie ce fait, que je serais bien plutôt tenté de passer sous silence, c'est que j'ai toujours pensé que les questions d'amour-propre devaient s'effacer devant les questions d'intérêt général. et que l'aveu d'un échec est plus fécond en enseignements que l'énumération de vingt succès.

Et ce que je dis ici des eaux de Vichy est également applicable aux eaux de Vals. qui sont des eaux encore plus alcalines, dont l'abus, si fréquent aujourd'hui, peut entraîner de même les plus graves conséquences.

On ne saurait donc, quand il s'agit du traitement de la gravelle par les eaux, soit qu'on aille les prendre à la source, soit qu'on les boive chez soi, se renseigner avec trop de soin sur la composition chimique des urines, ainsi que sur celle de l'eau minérale elle-même. Sous ce rapport, que les personnes du monde, à qui surtout s'adressent ces lignes me permettent de le leur dire, elles se laissent trop souvent guider, en pareil cas, par des causeries de salon ou par les entraînements de la vogue. Combien sont ainsi victimes de leur imprudence!

Mais laissons la gravelle et revenons à la pierre. Quand celle-ci est formée, qu'elle provienne d'une colique néphrétique ou de tout autre cause, les eaux pourront-elles la dissoudre? Non, et en voici le pourquoi.

Si les différents sels qui la constituent étaient uniformes, si, par exemple, elle n'était formée que d'acide urique, on comprend que les eaux alcalines devraient agir sur elle de la même manière que pour la gravelle rouge ; seulement, comme il y aurait plus d'acide à dissoudre, elles y mettraient plus de temps. Mais telle n'est pas d'ordinaire la composition des calculs. Le plus souvent ils sont alternants, c'est-à-dire qu'ils représentent une série de couches très-différentes, combinées d'une manière si variée et si intime, qu'il est impossible de savoir quel en est l'élément prédominant. Si donc vous avez recours aux alcalins, n'est-il pas à craindre que, quand ils rencontrent une couche de phosphate au lieu d'une couche d'acide, ils ne précipitent de nouveaux dépôts, lesquels, s'ajoutant à la pierre, augmenteront son volume loin de le diminuer ?

Ce dernier résultat que j'indique ici sous forme de doute, l'expérience ne l'a que trop souvent changé en certitude. Qu'on en juge par ce qui est arrivé chez l'Empereur.

Le docteur Rayer, qui l'envoyait presque tous les ans à Vichy pour ses maux de reins et de vessie, avait négligé de vérifier s'il n'existait pas chez lui quelque calcul, omission d'autant plus regrettable qu'il en offrait tous les symptômes. Qu'importe comment ce calcul s'était développé ! Chacun sait, et notre confrère le savait mieux que personne, que la pierre peut se déclarer spontanément, sans s'être annoncée ni par une colique néphrétique, ni par aucun autre prodrome. Quoi qu'il en soit, l'Empereur parut d'abord soulagé par les eaux ; mais il finit par s'en trouver très-mal : c'est au point qu'il dut y renoncer. Survinrent ensuite les événements de guerre que tout le monde connaît, puis son séjour à Chislehurst, puis enfin la constatation par la sonde de la présence d'une pierre. Mais il est évident que cette pierre existait déjà, alors qu'il prenait les eaux de Vichy. Les médecins anglais en font remonter l'origine à huit ou dix années, et je ne serais pas éloigné d'admettre ces chiffres. Comment donc expliquer que les eaux aient amené d'abord du soulagement et plus tard de l'aggravation ?

C'est qu'au début de l'affection calculeuse, la pierre est trop petite pour gêner la vessie par son volume. Elle ne devient une cause d'irritation que si sa surface présente des aspérités qui en blessent les parois ; c'est précisément, ainsi que l'a démontré l'analyse, cette espèce de pierre qu'avait l'Empereur, quand elle a commencé à se former. Or les eaux de Vichy, contrairement à ce qu'on observe, par exemple, à celles de Contrexéville, ont cela de particulier, que les cristaux qu'elles déposent autour du calcul offrent quelque chose de doux et de soyeux qui en dissimule les aspérités et en rend le contact inoffensif.

L'Empereur cessa donc de souffrir ; mais l'amélioration ne fut qu'apparente, car elle ne résidait que dans la sensation. Aussi, le calcul continuant de s'accroître, arriva-t-il un moment où il gêna par son volume. Vainement alors l'Empereur demanda aux eaux de Vichy un soulagement qu'elles pouvaient d'autant moins lui procurer, qu'elles agissaient au contraire dans le sens du mal, en augmentant le volume du calcul par l'addition de nouvelles couches.

Chose étrange ! car il semble que tout devait être étrange dans cette maladie de l'Empereur. Il a été, en quelque sorte, témoin lui-même du travail qui s'opérait dans sa vessie par l'action des eaux, travail qui devait lui être si fatal.

Ainsi, pendant un de ses derniers séjours à Vichy, étant allé visiter Clermont, qui n'en est qu'à une heure de distance, il se fit conduire à la source incrustante de Saint-Alyre, l'une des principales curiosités de la ville, et resta quelque temps dans la salle des pétrifications. Il parut, m'a-t-on dit, écouter avec un intérêt extrême les explications qu'on lui donna sur la manière dont l'eau, tombant par gouttes du plafond, est reçue dans des moules dont elle prend et conserve l'empreinte par le dépôt de ses principaux sels. L'Empereur était alors bien loin de se douter que les eaux de Vichy étaient pour lui comme autant de fontaines Saint-Alyre. Et cependant ces eaux, une fois que l'absorption les avait fait passer dans ses urines, se comportaient d'une manière identique, puisque, versées de même goutte par goutte des uretères dans sa vessie, elles formaient également autour de son calcul des dépôts salins.

Mais n'entrons pas dans plus de détails, dont ce ne serait point ici la place. D'ailleurs, j'en ai assez dit pour établir que si la médecine, surtout la médecine des eaux, possède de précieux moyens pour guérir la gravelle, par contre, elle n'en possède aucun pour dissoudre la pierre. Reste donc l'opération. Cette opération, suivant le procédé que l'on emploie, a reçu le nom de TAILLE ou de LITHOTRITIE.

De la Taille et de la Lithotritie

Lorsqu'une pierre se trouve renfermée dans la vessie, on ne peut arriver jusqu'à elle que par deux moyens. Ou bien on introduit l'instrument par les voies naturelles : c'est la lithotritie ; ou bien on le fait pénétrer par une voie artificielle : c'est la taille. Ce second moyen a quelque chose de beaucoup plus effrayant que le premier en ce que — son nom l'indique — il « taille », c'est-à-dire qu'il coupe brutalement par un procédé sanglant. Aussi s'est-on préoccupé à toutes les époques de trouver un dissolvant de la pierre qui permît de ne pas y avoir recours.

Nous avons déjà établi l'impuissance des eaux minérales à procurer ce résultat, et laissé entendre qu'il en était de même des autres remèdes. La désillusion à cet égard a été si générale que tous ces breuvages si vantés, qu'on décorait du nom de *lithontriptiques,* ou « broyeurs de pierre, » n'ont plus pour nous aujourd'hui d'autre intérêt qu'un intérêt historique.

Un moyen plus efficace, en apparence, est celui qui consisterait à introduire dans la vessie, à l'aide d'une sonde, certaines solutions chimiques qui, se combinant avec le calcul, en amèneraient la fonte. Des expériences entreprises dans des vases inertes procurèrent effectivement d'heureux résultats, qui firent naître les plus brillantes espérances. Oui ; mais on oubliait que la vessie, loin d'être un vase inerte, est, au contraire, un organe d'une extrême impressionnabilité. En admettant donc qu'on arrivât à connaître parfaitement la composition du calcul, que ce calcul ne fût formé que d'une seule espèce d'éléments, et qu'on possédât une solution capable de les désagréger, — trois conditions dont la réunion est à peu près impossible, — resterait encore à obtenir la tolerance de la vessie.

C'est que tout liquide autre que l'urine, fût-ce même de l'eau distillée, agit sur elle comme un topique irritant, du moment surtout où il faut en répéter et en prolonger l'emploi. Or, comment espérer qu'une solution quelconque, contenant nécessairement des mordants alcalins ou acides, pourra être supportée assez longtemps pour amener la dissolution de la pierre ? C'est donc encore là un moyen auquel il fallut renoncer.

Mentionnons simplement comme mémoire, quelques tentatives faites, dans ces derniers temps, à l'aide de courants électro-galvaniques, dont on a voulu faire traverser la pierre, tentatives qui ont échoué de même par l'impossibilité de localiser leurs effets, et arrivons à l'*ultima ratio*, en d'autres termes à l'opération.

Il n'y a, avons-nous dit, que deux méthodes pour attaquer la pierre dans la vessie ; la taille ou « procédé par extraction, » et la lithotritie ou « procédé par broiement. » Nous parlerons d'abord de la taille, comme étant la seule méthode qu'aient connue les anciens.

La taille a été pratiquée dès la plus haute antiquité. Les procédés en usage se rapprochaient beaucoup de celui que nous employons le plus généralement aujourd'hui, car on arrivait de même à la vessie par sa partie inférieure, c'est-à-dire à l'aide d'une ouverture faite au périnée. Tel est, par exemple, le procédé connu sous le nom de « méthode de Celse, » écrivain aussi éminent que chirurgien illustre, qui vivait dans le premier siècle de notre ère.

Ce n'est que dans des cas exceptionnels que nous attaquons la vessie par sa partie supérieure, c'est-à-dire par l'abdomen : la taille prend alors le nom de « taille hypogastrique, » ou « haut appareil. »

Au moyen âge et jusque dans des temps plus modernes, la taille fut abandonnée à des empiriques qui l'exploitèrent comme un secret ou un héritage de famille. A la fin du dix-septième siècle, un opérateur ambulant, du nom de frère Jacques, tailla dans les hôpitaux de Paris un grand nombre de calculeux, dont quelques-uns avec autant d'habileté que de succès. Malheureusement il lui manquait les connaissances anatomiques nécessaires pour manier ses instruments avec sécurité : de là de nombreux échecs, signalés par Méry, chirurgien en chef de l'Hôtel-Dieu, qui lui avait ouvert ses salles.

Frère Jacques eut pour émule un professeur de l'Université de Leyde, appelé Raw, qui acquit de même une réputation européenne. Seulement, tandis que frère Jacques opérait par pure philanthropie, le chirurgien hollandais était mû par un sentiment tout autre, qu'il ne cherchait pas du reste à dissimuler. Ainsi lorsque, dans ses cours, il en était venu à la taille, il disait à ses auditeurs : « Comme je suis principalement obligé de vivre et de subsister de cette opération, je ne vous en parlerai pas du tout. Si j'étais forcé à vous en dire quelque chose, ce que je vous en dirais ne serait pas vrai ; c'est pourquoi j'aime mieux me taire sur cet article. » Or, il est mort en emportant son secret, qui d'ailleurs consistait bien plutôt dans le mystère dont il s'entourait que dans un procédé à part. Chez lui, du moins, la franchise de l'aveu rachetait le cynisme de l'acte, si tant est que le cynisme puisse jamais être racheté.

Notons encore, ne fut ce que comme contraste, un de ces hommes désintéressés dont s'honore la chirurgie française, le frère Côme, à qui l'on doit le « lithotome caché, » cet instrument ingénieux qui donna à l'opération de la taille une précision qu'elle n'avait jamais eue jusqu'alors. J'ai beaucoup connu un neveu du frère Côme, le docteur Souberbielle, mort il y a déjà quelque temps. Lui aussi était un spécialiste éminent. Seulement que ne resta-t-il sur le terrain de la science! Mais non. Ami particulier de Danton, et surtout de Robespierre, qu'il continuait toujours de désigner par son petit nom de « Maximilien, » il vota, comme juré, la mort de l'infortunée Marie-Antoinette. Et je l'ai entendu s'en vanter!...

J'en ai fini avec cet aperçu sommaire de l'historique de la taille, car il ne saurait entrer dans mon sujet de décrire les perfectionnements nombreux que les modernes y ont apportés. Qu'il me suffise de dire un mot de la manière dont elle se pratique de nos jours.

Le malade est placé sur une espèce de « lit de misère, » ses mains ramenées vers les pieds et fixées avec des liens, de manière que les poignets soient solidement attachés aux talons. Le corps a ainsi une attitude courbée en demi-cercle. Cette attitude est indispensable pour que le chirurgien puisse faire avec sécurité les incisions et les manœuvres nécessaires pour pénétrer jusqu'à la région profonde qu'occupe la vessie. Une fois celle-ci ouverte, il y introduit le doigt afin d'aller à la recherche de la pierre, et quand il la sent, il la saisit avec une pince appelée « tenette, » puis la ramène doucement au dehors, à travers la plaie, en ayant soin de vérifier s'il n'y en a pas d'autres, car alors il les extrairait de la même manière. Ceci fait, on délie le malade, puis on le reporte sur son lit, où a lieu le premier pansement.

Telle est la taille. On voit qu'en plus des dangers redoutables qu'elle peut entraîner après elle, et dont les principaux sont l'hémorrhagie et l'inflammation, c'est une opération douloureuse et effrayante entre toutes. Ai-je besoin d'ajouter que tout malade est d'abord endormi à l'aide du chloroforme ? Voilà de ces cas où je comprends à merveille qu'on ait recours à ce puissant préservatif de la douleur. Et cependant, malgré ces adoucissements, la taille a toujours le triste privilége de frapper d'épouvante les courages les plus énergiques. Que devait-ce être avant l'invention du chloroforme, surtout chez les individus timorés !

On cite à ce propos l'histoire d'un malade très-pusillanime, que Dupuytren avait fait transporter dans l'amphithéâtre de l'Hôtel-Dieu pour l'opérer de la taille. Le célèbre chirurgien venait d'expliquer aux élèves la méthode qu'il allait employer, lorsque, joignant le geste à la parole, il appuya le doigt sur le périnée pour indiquer le tracé de l'incision. Mais le malade, croyant déjà sentir le froid de l'instrument, poussa un cri et expira sur place, avant même que l'opération ne fût commencée.

Les choses en étaient là, et la taille continuait d'être à la fois l'unique ressource et l'effroi des calculeux, lorsque, en 1822, Amussat fit connaître à l'Académie de médecine que, contrairement à ce qu'on avait cru jusqu'alors, on pouvait introduire par l'urèthre dans la vessie de l'homme, non pas seulement une sonde courbée, mais une sonde tout-à-fait droite.

L'annonce de ce fait fut, on peut le dire, le premier pas vers la lithotritie, car tous les instruments que jusqu'alors on avait proposés dans ce but, avaient échoué précisément à cause de cette courbure. Aussi, dès 1823, Leroy d'Etiolles proposait-il un « lithotriteur » qu'il avait expérimenté avec succès sur le cadavre, et, en 1824, Civiale présentait-il à l'Académie des sciences un malade dont il avait broyé ainsi la pierre dans la vessie. Il est donc incontestable que la lithotritie est une découverte toute française dont Amussat, Leroy d'Etiolles et Civiale, tous les trois morts aujourd'hui, sont, à titres différents, les véritables inventeurs.

On s'explique facilement avec quel enthousiasme l'opinion publique accueillit ce grand événement, et il est vrai de dire que jamais enthousiasme ne fut mieux justifié. On substituait en effet à une opération barbare au premier chef une opération relativement anodine, puisque le patient, au lieu d'être garrotté, restait libre et que même il ne sentait plus que la partie mousse des instruments, au lieu de leur partie tranchante. Mais, avant de décrire comment on procède, disons d'abord un mot du « brise-pierre. »

Cet instrument représente une grosse sonde droite dont le bec seul est un peu brusquement recourbé. On le croirait formé d'une pièce unique, mais, par un mécanisme fort simple, il se dédouble en deux moitiés qu'on peut faire glisser l'une sur l'autre à volonté. Sous ce rapport, il rappelle parfaitement le compas qu'emploient les cordonniers pour prendre mesure de la chaussure. Il s'agit maintenant de s'en servir.

L'instrument est introduit fermé dans la vessie. Là on l'ouvre, puis, par de petits mouvements de va-et-vient, on éloigne et on rapproche ses deux branches de manière à saisir le calcul. On reconnaît qu'on y est parvenu, à la résistance que l'on éprouve; de plus, grâce à une échelle gravée sur la tige, le degré d'écartement des deux branches indique quel en est le diamètre.

Voici donc le calcul saisi. Il s'agit maintenant de l'écraser. S'il est petit et friable, il vous suffira de peser de la main sur la branche mobile, d'autant plus que les mors de la pince offrent des dents qui s'engrènent. Mais, s'il est trop gros et trop dur, il vous faudra recourir à une pression beaucoup plus énergique, au moyen d'une crémaillère adaptée à la tige, ou même à la percussion avec un petit marteau. On est averti que le calcul est brisé par le rapprochement des deux branches. Alors on retire l'instrument, et, pour cette fois du moins, l'opération est terminée.

Je dis pour cette fois. C'est qu'il est bien rare que, dans les cas même où le calcul est unique, il soit possible d'en finir avec lui en une séance, l'instrument ne pouvant écraser que la portion comprise entre ses mors. Si donc la pierre a plus de largeur, elle sera réduite non pas à l'état de poussière, mais à l'état de fragments, et chaque fragment nécessitera à son tour un broiement nouveau. C'est là le grand écueil de la lithotritie.

Il pourra se faire, en effet, que certains fragments, assez petits pour s'engager dans l'urèthre, mais trop gros pour le franchir en entier, s'arrêteront en un point quelconque de sa longueur, et s'opposeront ainsi à la sortie des urines. C'est ce qui est arrivé chez l'Empereur. Il faut alors les refouler dans la vessie ou les extraire, double alternative qui offre des difficultés très-sérieuses et parfois des dangers.

Puis les fragments restés dans la vessie deviendront une cause incessante d'irritation par les aspérites et les angles de leurs cassures. De là des douleurs lancinantes et des spasmes pendant lesquels la vessie se blessera elle-même en se contractant sur ces fragments; de là aussi ces inflammations de la muqueuse qui, aiguës, peuvent être si rapidement fatales, et qui, devenues chroniques, finissent à la langue par miner la constitution, surtout si, comme cela n'arrive que trop souvent, elles se propagent jusqu'aux reins, ces grands dépurateurs de l'organisme.

Enfin, en dehors de ces causes, le fait seul de l'opération pourra faire courir aux malades impressionnables les plus sérieux dangers, en provoquant du côté du système nerveux des troubles et des ébranlements qu'on ne sera pas toujours sûr ensuite de maîtriser. C'est dans ce cas qu'il est essentiel d'administrer le sulfate de quinine, de manière à prévenir un accès de fièvre qui prendrait facilement le caractère pernicieux.

Il résulte de tout ceci que la lithotritie, tout en étant un immense bienfait pour les cas simples, ne laisse pas non plus que d'offrir de graves éventualités pour les cas compliqués. C'est au point qu'il est des circonstances. — et au premier rang se place le volume trop considérable de la pierre, — où il faut préférer la taille.

Mais la taille elle-même pourra cesser d'offrir une dernière ressource, si déjà la constitution est trop usée pour pouvoir faire face à la période d'orages qui en sera la conséquence. Or, d'après les propres déclarations du docteur H Thompson, celui-là même qui a opéré l'Empereur, tel était le cas de Sa Majesté. Voici, en effet, comment il s'exprime dans sa lettre au docteur Evans, que viennent de publier les journaux : « Mon impérial client n'est nullement mort des suites de l'opération chirurgicale ; il est mort, parce que les reins étaient dans un état de maladie avancé. Leurs cavités et les urétères étaient tellement dilatés que l'urétère gauche était aussi gros que l'aorte. Or, J'AI FORMELLEMENT ÉNONCÉ DEPUIS LONGTEMPS QU'EN PAREILLE CIRCONSTANCE LA TAILLE N'OFFRE PAS PLUS DE CHANCES DE SUCCÈS QUE LA LITHOTRITIE. »

Je suis entièrement de l'avis de mon savant confrère ; c'est au au point que, si j'avais connu plus tôt ce détail nécrologique, je me serais abstenu de dire qu'on aurait dû préférer la taille à la lithotritie. Car enfin, qu'il me permette de lui adresser la question que voici : « Puisque, chez votre impérial client, la maladie des reins avait fait de tels progrès, vous aviez tous les éléments voulus pour devancer, par votre diagnostic, lui vivant, les révélations de l'autopsie. Pourquoi donc avoir entrepris une opération que vous saviez devoir hâter plutôt que de retarder, encore moins conjurer la catastrophe ? »

On répondra peut-être, et j'ai cru comprendre que le docteur Thompson partageait lui-même cette opinion, qu'il valait mieux en définitive tenter quelque chose que de s'abstenir, puisqu'en n'opérant pas, l'Empereur devait forcément succomber. Ceci demande explication.

Il ne saurait exister contre toute maladie, chirurgicale ou autre, que deux espèces de traitements : le traitement *curatif* ou le traitement *palliatif*.

Le traitement curatif, ainsi que l'indique son nom (*curare*, guérir), a pour objet non pas seulement le soulagement, mais la guérison. Malheureusement, celle-ci n'est souvent obtenue qu'au prix de cruelles souffrances. Sydenham l'a dit : « La douleur est le remède le plus amer de la nature » *dolor amarissimum naturæ remedium.* Toujours est-il qu'on n'est en droit de tenter une opération quelconque qu'autant que, selon toutes les probabilités, elle devra sauver ou du moins prolonger les jours du malade. Appuyons ce précepte d'un exemple.

Voici une femme qui a un cancer au sein. Ce cancer est limité à la glande mammaire. Or, comme tous les tissus qui l'avoisinent sont encore intacts, on peut l'enlever en totalité. Dans ce cas, l'opération est d'autant plus indiquée que vous détruisez du même coup le mal dans sa racine, en même temps que vous prévenez l'infection ultérieure de l'organisme.

Mais voici une autre femme qui a également un cancer au sein ; seulement ce cancer a déjà envahi les parties voisines. Il envoie même des ramifications jusque dans les profondeurs du cou et de l'aisselle. La malade offre de plus cette coloration jaune-paille, si tristement caractéristique, qui annonce que, chez elle, le sang et les humeurs sont déjà viciés. Irez-vous tenter de même une opération? Mais ce serait précipiter sciemment la catastrophe en imprimant à la maladie, qui d'habitude procède lentement, une marche aiguë ou même foudroyante par la surexcitation de tous les germes qui couvaient et qui auraient pu rester longtemps encore à l'état latent dans l'organisme. Vous devrez donc renoncer au traitement curatif, le mot curatif étant synonyme ici du mot homicide, et vous en tenir au traitement palliatif.

Ce traitement, comme l'indique également son nom (*palliare*, calmer), a pour objet d'adoucir le sort du malheureux patient. Aussi, dans votre impuissance de guérir, vous faudra-t-il consulter plutôt votre cœur que la thérapeutique Et d'abord vous vous attacherez à lui dissimuler l'horreur de sa situation. Le poète l'a dit : « Il est de ces bonnes et douces paroles par lesquelles on peut apporter quelque allégement à de semblables souffrances, et dissimuler la partie la plus notable du mal. »

Sunt verba et voces quibus hunc lenire dolorem
Possis, et magnam morbi depellere partem.

Mais vous pourrez plus encore. La nature a mis à votre disposition certains médicaments qui non-seulement émoussent la sensibilité, mais, par leur action sur le cerveau, ouvrent à l'âme des horizons nouveaux et, la dégageant en quelque sorte de la matière, la transportent dans le monde des illusions et des rêves. Pendant ce temps, le malade ne souffre pas, ou souffre à peine. Lorsque, revenu à la réalité, il sollicite de vous une opération qui serait sans doute la fin de tous ses maux, parce qu'elle serait la fin de son existence, mais qui, par cela même, répugne à votre conscience aussi bien qu'à vos devoirs, alors vous saurez colorer vos refus par des promesses vagues et des ajournements adroitement calculés, de manière à respecter chez lui ce sentiment qui survit à tous les autres, l'espérance. Non, votre rôle ne saurait être fini parce que votre art est devenu impuissant; c'est le moment, au contraire, où votre mission devient et plus noble et plus élevée. Quel médecin aurait jamais eu le triste courage d'écrire au frontispice de certains asiles ouverts à la maladie et aux infirmités cette désolante parole : INCURABLES! Mais c'est l'inscription de l'enfer du Dante.

Je m'arrête, car ces développements m'entraîneraient trop loin. D'ailleurs j'en ai dit assez pour établir que, d'après les déclarations mêmes du docteur Thompson, l'Empereur n'était pas plus opérable par la taille que par la lithotritie, puisque ni l'une ni l'autre ne pouvait le sauver. Le seul traitement qui lui convînt était le traitement palliatif. Et qui sait combien de temps, si on s'y fût borné, il eût pu vivre encore!

Les conséquences à déduire de ce qui précède, c'est que la pierre est une de ces affections redoutables à laquelle doit s'appliquer surtout le fameux axiôme : *Principiis obsta*. Aussi ne saurait-on s'y prendre de trop bonne heure pour prévenir, par un régime approprié et tout un ensemble de moyens hygiéniques, cette tendance à la formation de concrétions qui, chez quelques personnes, semble se rattacher à une diathèse maladive de l'organisme. Il faudra même la combattre jusque chez l'enfant, car il est de remarque que cette diathèse peut se transmettre par voie héréditaire.

Des maladies de la Vessie et des Reins

Nous savons déjà quelles sont les fonctions de la vessie et celles des reins Les reins représentent le laboratoire où se fabrique l'urine ; la vessie, le réservoir qui la reçoit. Entre ces deux organes, il n'existe pas seulement un lien anatomique, les urétères ; il y a de plus une sorte de lien sympathique, la communauté de maladies. Parmi ces maladies, nous ne parlerons que de celles qui se traduisent par des symptômes de nature à donner à la personne qui en est atteinte le premier éveil.

Si quelqu'un urine très-fréquemment, que la quantité qu'il rend ainsi en vingt-quatre heures soit considérable, qu'il ait une soif vive et qu'il maigrisse, en voilà assez pour qu'il se demande s'il n'a pas le diabète. Toutefois il n'y a de signe *certain* que la constatation matérielle de ce que je serais tenté d'appeler le « corps du délit. » Il fera donc analyser ses urines. Les procédés d'analyse sont ici tellement simples qu'il n'est pas un médecin qui n'ait chez lui les réactifs voulus pour constater la présence ou l'absence du sucre. Ajoutons que, pris à temps, le diabète est une des affections que l'on traite aujourd'hui avec le plus de succès.

Il est une autre maladie des voies urinaires qui ne saurait non plus passer inaperçue, car elle porte en elle son certificat : c'est la gravelle. Nous savons qu'elle est caractérisée par le dépôt de petites concrétions, et que, suivant leur composition chimique, la gravelle se divise en deux grandes classes, la gravelle *acide* et la gravelle *alcaline*. La première contient des urates et se reconnait à la teinte rouge des graviers ; la seconde contient des phosphates et se distingue de la précédente en ce que les graviers sont blancs : de là, les noms de gravelle *rouge* et de gravelle *blanche* dont on se sert quelquefois également pour les différencier. Vous pouvez, pour plus de certitude, y joindre l'analyse. Plongez du papier bleu de tournesol dans de l'urine contenant des urates ; il rougit. Répétez la même expérience sur des urines contenant des phosphates ; il conserve sa teinte bleue. C'est là une vérification que vous devrez d'autant moins négliger, que sur cette distinction de deux espèces de gravelles repose le traitement.

Voici une autre affection dont, au contraire, le diagnostic sera aussi obscur pour vous que celui des deux précédentes était facile ; c'est l'albuminurie ou « maladie de Bright » du nom du médecin qui l'a le premier signalée. Cette obscurité du diagnostic s'explique surtout par cette circonstance que votre attention n'est nullement appelée du côté des voies urinaires, la maladie ne trahissant par aucun signe apparent ses caractères matériels, à savoir la « présence de l'albumine dans les urines. » Ainsi, celles-ci peuvent conserver à peu près intact leur volume, de même que leur aspect ; il peut même se faire qu'il n'existe aucune douleur accentuée vers les reins, encore bien qu'il s'opère au sein de ces organes tout un travail de destruction. Seulement, l'individu dépérit ; ses digestions languissent ; ses forces diminuent ; ses membres s'infiltrent ; puis, arrive un moment où la poitrine se prend et où tout semble présager une catastrophe. Si alors vous faites analyser les urines, on y constatera la présence d'une quantité souvent très-notable d'albumine ; mais il sera trop tard.

Ainsi a succombé, il y a peu de temps, un homme jeune encore, appartenant au meilleur monde, qui a emporté avec lui d'unanimes regrets. On l'avait traité pendant plus de deux ans pour une prétendue affection goutteuse, tandis qu'il était miné sourdement par l'albuminurie. Quand la maladie fut reconnue, elle était déjà au-dessus des ressources de la nature et de l'art.

On comprend que contre une affection aussi redoutable que perfide, je n'aie aucun conseil pratique à vous donner. Je me bornerai à émettre un vœu. Puisse votre médecin la reconnaître à temps !

— J'arrive maintenant à ces troubles complexes de l'appareil urinaire où le liquide sécrété semble charrier avec lui toutes les impuretés de l'économie. Vous y verrez des dépôts grenus comme de la fécule, ou filants comme du blanc d'œuf ; sa couleur pourra offrir toutes les nuances possibles, depuis la teinte laiteuse jusqu'au rouge écarlate, parfois elle sera tout à fait noire ; enfin il s'en exhalera une odeur plus ou moins fétide. Comment faire ici la part de l'organe qui est malade? Est-ce le rein? Est-ce la vessie? Ou bien le seraient-ils tous les deux? Autant de points que vous avez un égal intérêt à élucider.

Si c'est le rein, on ne saurait aviser trop tôt à lui rendre l'intégrité de son jeu, la continuité d'un pareil état ne pouvant qu'amener à la longue l'infection de tout votre être. En effet, il est une substance éminemment délétère qui, sans cesse, se forme dans le sang : c'est l'urée. Or, le rein a pour principal usage d'en débarrasser l'organisme, en l'expulsant dans les urines. Mais, si ses fonctions sont perverties, l'urée n'est plus qu'incomplétement éliminée ; la portion restée dans le sang circule avec ce fluide, en imprègne les tissus, finit par faire corps avec eux, et alors apparaissent tous les signes du terrible empoisonnement connu sous le nom d'*urémie* ou « fièvre urinaire. » C'est à un empoisonnement de ce genre que l'Empereur eût fini par succomber, si le chloroforme n'avait précipité le dénouement.

Est-ce, au contraire, la vessie qui est malade? Les conséquences, pour être peut-être moins rapides, n'en seront pas pour cela moins fatales. C'est qu'il n'est pas de constitution, quelque robuste que vous la supposiez, qui puisse résister à ces suppurations incessantes de la muqueuse, lesquelles ont, de plus, le triste privilége de jeter l'individu dans une tristesse et un découragement dont rien ne peut le faire sortir. Il en est du catarrhe vésical comme de la phthisie pulmonaire: abandonné à lui-même, il pardonne rarement.

Enfin, si la vessie et le rein sont simultanément affectés, c'est un motif de plus pour intervenir avec énergie.

Telle est la gravité des maladies des voies urinaires. Heureusement la médecine, aidée au besoin de la chirurgie, possède de précieux et puissants moyens pour en arrêter la marche et même les faire rétrograder, mais à la condition qu'elle s'appuiera sur un diagnostic précis. Or, pour être précis, ce diagnostic nécessite forcément une analyse.

La science des analyses a été poussée si loin aujourd'hui que non-seulement, au moyen des réactifs, elle spécifie la nature de chaque élément morbide, mais que, de plus, s'armant du microscope, elle pénètre jusque dans les détails les plus intimes de forme et de structure. Ainsi, une urine étant donnée, elle dira s'il y a des globules de sang, de mucus ou de pus ; tel sel ou tel autre sel; des détritus organiques se liant à des altérations de la vessie ou à celles du rein ; enfin, elle ira jusqu'à y constater des « écailles » de calcul. Toutefois une semblable constatation ne suffit pas pour permettre d'affirmer qu'il existe ou qu'il n'existe pas de pierre dans la vessie, tant qu'on ne s'en est pas assuré par l'exploration avec la sonde.

Je n'ignore pas combien ce mode de recherches — c'est ce que nous appelons « cathétérisme » — répugne généralement aux malades. Et pourtant il ne mérite même pas le nom d'opération, puisqu'il n'est aucunement sanglant et que, sous des mains habiles, il provoque à peine de la douleur. Quoi qu'il en soit, il vous sera impossible de vous y soustraire si, entre autres symptômes, vous éprouvez un redoublement de souffrances dans le bassin par le mouvement de la voiture ou du cheval (1), que vos urines, par moments, soient mêlées à du sang et surtout que le jet s'en arrête brusquement pendant leur émission. Ce sont là les signes rationnels de la pierre: seulement, ne l'oubliez pas, les seuls signes certains, c'est la constatation matérielle par le cathétérisme.

Voilà, je suppose, la sonde introduite dans la vessie. Elle rencontre une pierre. Vous en êtes averti par un bruit sec, perceptible à l'oreille comme à la main, et semblable à celui que l'on produirait en frappant la pointe d'un canif ou d'un couteau sur du marbre. Il faut, bien entendu que la sonde soit en argent; si elle

(1) Je tiens de source certaine que, pendant les deux jours qui ont précédé la bataille de Sedan, l'Empereur urinait du sang presque pur. Et pourtant il est resté à cheval cinq heures de suite, pendant la bataille, sans proférer une seule plainte! L'imagination est vraiment effrayée du courage surhumain qu'il a déployé en se montrant ainsi impassible au milieu de tortures physiques que devaient aggraver, dans une même proportion, les tortures morales. Étrange rapprochement! M. Philippe de Ségur raconte, dans son *Histoire de la campagne de Russie*, que, pendant toute la bataille de la Moskowa, le premier Empereur fut en proie également à de violentes douleurs vésicales. Mais peut-être sut-il moins les maîtriser.

était en gomme élastique, la sensation qui en résulterait serait trop obtuse pour être significative.

Mais, j'admets qu'elle ne rencontre rien. Ne regrettez pas cette exploration; elle aura sa très-grande utilité. Le chirurgien en profitera pour promener le bec de son instrument à l'intérieur de la vessie, de manière à vérifier si elle est malade ou si elle est saine ; il s'assurera surtout si son bas-fond ne contient pas quelque dépôt glaireux ou purulent. Dans ce cas, qui est le plus ordinaire, il l'évacuera avec la sonde, puis, à l'aide d'injections, il nettoiera la muqueuse; j'ai presque dit, il la « rincera » C'est que — je ne me sens réellement plus le courage d'appeler jusqu'au bout les choses par leur vrai nom— c'est que la vessie n'est en réalité que le... vase de nuit de l'économie. Or, on sait que si les vases de cette espèce ne sont pas tenus propres, il se forme des incrustations salines sur leurs parois. Même chose pour la vessie. Ses parois se couvrent, elles aussi, d'incrustations analogues, lesquelles, en se combinant avec le mucus, peuvent créer des calculs de toute pièce (1). C'est ainsi que, par certains mélanges de sable et de ciment, l'industrie parvient à façonner des blocs artificiels qui ne tardent pas non plus à acquérir la dureté de la pierre.

— Nous n'avons parlé jusqu'ici que des troubles de la sécrétion de l'urine. Disons un mot maintenant de certains états morbides qui frappent la vessie elle-même.

(1) La pierre était une maladie fort rare dans l'ancienne Rome. Il faut peut-être en chercher la principale cause dans l'usage où étaient les hommes d'uriner accroupis, la toge, — d'où le nom de *gens togata*, — se prêtant parfaitement à cette attitude, tandis que notre pantalon moderne y met obstacle. C'est que, dans la position accroupie, la pression exercée sur la vessie par les organes abdominaux doit singulièrement l'aider à se vider. N'est-ce pas de la même manière que peut s'expliquer la rareté de la pierre chez la femme? Enfin, pendant mon séjour en Egypte, j'avais été frappé de l'usage où sont encore les hommes d'uriner à la manière des anciens Romains. Or, il m'a été dit que, dans ces contrées, les maladies des voies urinaires sont loin d'être aussi fréquentes que dans les nôtres. Qui sait, par conséquent, si les personnes atteintes ou menacées de catarrhe vésical ne pourraient pas faire leur profit de ces remarques?

Le plus grave est celui qui se rattache à sa rupture, par le fait d'une rétention outre mesure du liquide dans sa cavité. Ainsi mourut Tycho-Brahé, célèbre astronome danois. Il faisait une leçon à Prague, devant une assistance d'élite, lorsque, ayant éprouvé certain besoin impérieux, il voulut attendre, pour le satisfaire, que sa leçon fût terminée. Mais, à un certain moment, il ressentit tout à coup un craquement intérieur, et tomba à la renverse comme foudroyé. Sa vessie venait de se rompre, et d'un épanchement d'urine s'était formé dans le péritoine.

Ces cas de rupture sont heureusement fort rares. Mais enfin il peut se faire que, sans que les choses aillent aussi loin, la vessie, par suite de cette distension forcée, perde de son ressort, ou même soit frappée de paralysie. J'en ai encore vu un exemple dernièrement. Ce n'est donc pas seulement pour vous une affaire de convenances, c'est aussi une affaire de santé de savoir concilier les exigences naturelles avec les bienséances sociales.

Il est une autre cause de rétention bien plus commune que celle-là, et aussi bien plus insidieuse, en ce qu'on la confond presque toujours avec l'incontinence d'urine: c'est celle qui se rattache à un gonflement de la prostate. Mais, d'abord, qu'est-ce que la prostate?

La prostate est un anneau fibreux qui embrasse le col de la vessie à l'endroit où elle se soude avec le canal de l'urèthre; il rappelle tout à fait ces viroles que l'on fixe au point de jonction de deux tubes pour en assurer la solidité. Tant que cet anneau conserve son volume normal, il ne gêne nullement la sortie de l'urine. Mais vient-il à se gonfler, — et c'est là un des tristes bénéfices de l'âge, surtout passé soixante ans, dont les femmes seules sont exemptes, car elles n'ont pas de prostate; — vient-il, disons-nous, à se gonfler, il rétrécit d'autant la largeur du canal, et, par suite, la vessie se vide de plus en plus difficilement. De là des besoins plus fréquents d'uriner.

Or, ici, les malades prennent presque toujours le change. Ils attribuent ces besoins incessants à l'inertie de la vessie qui n'aurait plus la force de retenir les urines, et ils réclament du médecin un traitement tonique, capable de la lui restituer. Vainement vous leur objecterez que chez eux la vessie, bien loin de ne pouvoir garder un peu d'urine, est au contraire énormément distendue par ce liquide qui s'y est accumulé de longue date, et que le trop-plein seulement s'échappe à chaque mixtion, vous parviendrez bien difficilement à les convaincre, car ils en croient plus leurs sensations que vos raisonnements. Heureux encore si les réflexions que leur suggère plus tard l'aggravation de leur état finissent par triompher de leur résistance!

Dirai-je ma pensée tout entière? J'ai la conviction profonde que, parmi les personnes qui liront ces lignes, il en est plus d'une qui se trouve, sans le savoir, dans la position que je viens d'indiquer. Aussi comme, en définitive, les exemples empruntés aux compagnons d'une même infortune sont encore le plus puissant de tous les arguments, je crois ne pouvoir mieux clore ce travail qu'en extrayant de mon *Guide* (page 502) le fait que l'on va lire :

« Je me rencontrais souvent, dans le monde, avec un très-aimable vieillard qui, incommodé depuis longtemps déjà par des besoins fréquents d'uriner, se décida un jour à me faire ses confidences, me demandant quelles eaux pourraient lui convenir. Je lui dis que je n'en voyais aucune, tant qu'il ne se serait pas fait préalablement sonder pour vider sa vessie. « Hélas! me répondit-il, elle ne se vide déjà que trop; elle ne peut plus rien garder. — Erreur, lui répliquai-je. Votre vessie a simplement perdu de son ressort; elle contient peut-être deux litres d'urine. » J'eus beau insister, il ne voulut point en démordre, et nous nous séparâmes sans que je l'eusse convaincu. Je l'avais même à peu près complétement perdu de vue, car, par suite des progrès de son infirmité, il lui avait fallu renoncer à aller dans le monde, lorsqu'un an environ après cette conversation, je reçus sa visite. « Je viens, me dit-il, vous faire amende honorable. On m'a passé la sonde, d'après votre conseil, et me voilà complétement guéri. — Vous voyez donc bien que j'avais deviné juste. — Pas tout à fait. — Comment cela? — Vous m'aviez annoncé deux litres d'urine. — Eh bien! — On m'en a retiré trois. »

TABLE DES MATIÈRES

OUVRAGES DU MÊME AUTEUR

A L'USAGE DES PERSONNES DU MONDE

Guide pratique aux Eaux minérales, aux Bains de mer et aux Stations hivernales.

Contenant : La description détaillée des Établissements thermaux et des Plages balnéaires, tant de la France que de l'Étranger. — Des Études sur l'Hydrothérapie ancienne et moderne. — Un Parallèle entre les Eaux minérales Françaises et Étrangères. — Un Traité thérapeutique complet des diverses maladies pour lesquelles on se rend aux Eaux, avec l'indication en regard des sources les mieux appropriées au traitement de chacune. — Un Mémoire sur les dangers des Eaux minérales prises mal à propos ou avec excès. — Montaigne aux Eaux minérales. — Enfin, une Étude complète des Stations hivernales et tout particulièrement de l'Égypte.

1 Volume cartonné, 8e édition. Prix : 9 fr. 50. Paris, G. Masson.

Premiers soins à donner avant l'arrivée du médecin.

L'auteur passe en revue dans ce livre TOUT CE QUI PORTE SUBITEMENT ATTEINTE A LA SANTÉ. Il fait ressortir les caractères propres à chaque lésion, les soins ou pansements qu'elle réclame, et mentionne les médicaments qui en constituent le traitement. Il indique, de plus, dans un petit Codex, les recettes ou formules qu'il importe de connaître pour leur appropriation aux cas les plus urgents.

1 Volume cartonné, 2e édition. Prix, 6 fr. Paris, G. Masson.

Toilette d'une Romaine au temps d'Auguste, et Conseils à une Parisienne sur les Cosmétiques.

Ce livre comprend, dans sa première partie, la description de tout ce que faisait une élégante de Rome pour mettre en relief ses agréments naturels, et, au besoin, s'en créer de factices ; dans sa seconde, l'étude de tout ce que fait une Parisienne dans le même but. On y trouve, de plus, l'exposé des principaux Cosmétiques modernes, avec l'indication de ceux qui peuvent être utiles ou nuisibles à la santé.

1 Volume broché, 2e édition. Prix : 3 fr. Paris, Hachette.

www.ingramcontent.com/pod-product-compliance
Lightning Source LLC
LaVergne TN
LVHW020254230826
846091LV00006B/2407

* 9 7 8 2 0 1 1 7 8 2 9 0 8 *